Detektivgeschichten
mit Pepe und Max

Jagd nach dem Pausenbrot

MIT GEHEIMSCHRIFT FOLIE

Anni Mohn &
Martina Burghart-Vollhardt

circon

Baierbrunner Straße 27, 81379 München
Ausgabe 2019

Text: Anni Mohn
Illustrationen: Martina Burghart-Vollhardt
Redaktion: Jenny Bux
Produktion: Ute Hausleiter
Titelabbildung: Martina Burghart-Vollhardt
Gestaltung: Roman Bold & Black, Köln
Umschlaggestaltung: Enrico Albisetti

ISBN 978-3-8174-1990-6
381741990/1

www.circonverlag.de

Jule hat Hunger

Pepe und Max sind Freunde. Und sie sind die besten Detektive der Welt! Auf jeden Fall sind sie die besten Detektive der Schule.

Heute ist ein ganz normaler Tag.
Nichts Verdächtiges zu entdecken.
Nur Jule nervt.

„Kann ich von deinem Pausenbrot abbeißen?“, bittet Jule.
„Warum?“, fragt Pepe.
„Ich habe meine Frühstücks-Box vergessen!“, sagt Jule und streckt ihre Hand aus.

Auch am nächsten Tag will Jule von Pepes Pausenbrot abbeißen.
„Hast du deine Brotzeit schon wieder vergessen?“, fragt Max.
„Ja“, antwortet Jule. „Ich bin leider sehr vergesslich.“

Auch von Max' Brot nimmt sie einen großen Bissen.
„Jule hat ihre Brotzeit nicht vergessen", flüstert Pepe Max zu.

Schau genau! Was hat Pepe entdeckt?

„Deine Brotdose ist doch in der Schultasche!“, ruft Max entrüstet. Jule überlegt. Dann erklärt sie: „Ich mag meine Brote einfach nicht. Meine Mutter macht immer nur Käse darauf.“

„Dann gib mir dein Brot! Ich esse es gern“, schlägt Pepe vor.
„Nein!“, brüllt Jule. „Spinnst du?“

Pepe und Max setzen sich auf dem Pausenhof zusammen auf eine kleine Mauer. Sie essen die Reste ihrer Brote auf.

„Warum durfte ich Jules Brot nicht haben?“, beschwert sich Pepe. „Jules Mama schmiert super Brote! Sie sind in Herzform geschnitten. Ohne Rand!“ „Und mit Käse“, fügt Max hinzu. „Ich mag Käse.“

„Irgendetwas stimmt da nicht“,
grübelt Pepe.
„Wir müssen es herausfinden!“,
meint Max. „Sonst verhungern wir
noch wegen Jule.“

Sie gehen heimlich zurück ins Klassenzimmer. Pepe öffnet Jules Brotbox und staunt: „Oh Mann! Jule hat uns auf jeden Fall angelogen.“

Warum hat Jule gelogen? Lies noch einmal nach, was sie gesagt hat!

„Die Brotbox ist leer. Käsebrote schmecken ihr also doch!“, stellt Max fest.

„Oder ihr Pausenbrot geht auf dem Weg zur Schule irgendwie verloren“, meint Pepe nachdenklich.

„Vielleicht vergisst Jules Mama auch, ihr ein Brot zu schmieren“, überlegt Max.
„Die Brote sind in Herzform geschnitten. So eine Mama vergisst doch die Brote nicht!“ Da ist sich Pepe sicher.

Der erste Verdächtige

Pepe geht zum Fenster. Er schaut hinunter auf den Pausenhof. Da sieht er Bommel. Bommel ist die kleine Hündin der Sekretärin.

„Vielleicht klaut Bommel Jules Brote?“,
ruft Pepe aufgeregt.

Wie kommt Pepe darauf?

Tatsächlich! Bommel scheint etwas zu fressen. Ist das etwa ein Pausenbrot?

Pepe und Max rennen auf den Schulhof.

„Bommel!“, ruft Max laut. „Aus!“
Bommel lässt vor Schreck ihre
Beute fallen.

Leider ist die Form des Brotes nicht mehr zu erkennen. War das einmal ein Herz?

„Nein“, sagt Pepe und schüttelt enttäuscht den Kopf. „Das ist nicht Jules Brot.“

Woher weiß Pepe das?

Dieses Brot ist mit Salami belegt.
Jules Brote sind aber immer mit Käse.
„Trotzdem bringt mich Bommel auf eine Idee“, sagt Pepe. „Vielleicht isst immer jemand anderes Jules Pausenbrote.“

„Aber wer?“, will Max wissen.
„Das werden wir noch herausfinden“, antwortet Pepe. „Schließlich sind wir Detektive!“

Auf geheimer Jagd

Am nächsten Tag treffen sich Pepe und Max früher als sonst auf ihrem Schulweg.
„Jule hat ein Geheimnis“, stellt Pepe fest. „Wir müssen sie also beschatten!“

„Was bedeutet ‚beschatten‘?“,
fragt Max.
„Jemandem heimlich folgen“,
erklärt Pepe.
Max nickt begeistert.

Die Detektive verstecken sich hinter
einem Baum. Jules Schulweg führt hier
nämlich vorbei.

Da kommt Jule! Sie sieht die beiden nicht und geht an ihnen vorbei. Max und Pepe folgen ihr still und heimlich.

Bestimmt hat Jule ihr Pausenbrot noch. Max und Pepe müssen sie und ihre Schultasche jetzt nur noch im Auge behalten.

„Das ist ja seltsam“, flüstert Pepe. „Auf, Max! Hinterher!“

Was ist seltsam? Welchen Weg wählt Jule?

Jule geht an der Schule vorbei!
Wohin will sie wohl?

„Wir sind ganz nah an der Lösung des Falls!“, meint Pepe und packt Max am Arm. „Ein Detektiv spürt das!“
„Schnell!“, ruft Max.
Jule rennt plötzlich los.

Der große Beschützer

Jule biegt schnell links ab und kommt auf dem Pausenhof hinter der Schule an.

Sie rennt auf ein paar Jungen aus der vierten Klasse zu.
„Ich werde verfolgt!“, schreit Jule.
Sie zeigt mit dem Finger auf Pepe und Max.

Einer der großen Jungen kommt
auf Max und Pepe zu.
„Was wollt ihr von Jule?“,
fragt er drohend.

„N...n...nichts“, stammelt Max.
„Dann verschwindet!“, knurrt der Junge.

Mit einem Viertklässler wollen sich Max und Pepe lieber nicht anlegen. Die beiden gehen langsam Richtung Schulgebäude.

Max schaut Pepe ernst an und meint:
„Das mit dem Beschatten müssen wir wohl noch üben!“
„Stimmt“, gibt Pepe zu.

In der Pause läuft Jule auf die beiden Detektive zu.
„Heute möchte ich dein ganzes Pausenbrot haben“, sagt Jule zu Pepe.
„Warum?“, fragt Pepe wütend.

„Zur Strafe! Weil ihr mich verfolgt habt. Und weil ich sonst Ben aus der Vierten hole“, droht Jule.
Pepe seufzt und gibt ihr sein Brot.

Eine gute Lösung für alle

Pepe und Max sitzen wieder auf der Mauer im Pausenhof.
Sie teilen sich das Brot von Max.

„Jetzt wissen wir genauso wenig wie vorher“, meint Pepe traurig. „Und haben außerdem ein Pausenbrot weniger“, bemerkt Max unzufrieden. Doch dann entdecken die beiden etwas Unglaubliches!

Was sehen die beiden?

Da steht Ben und isst Jules Käsebrot in Herzform. Jetzt reicht es Pepe! Er stellt Ben zur Rede: „Warum isst du Jules Pausenbrot?“

Ben schaut erschrocken. Er zieht Pepe und Max beiseite. Auch Jule kommt jetzt angerannt.

Jule klärt nun alles auf: „Ben bekommt kein Pausenbrot von seinen Eltern. Daher gebe ich ihm meines.“

„Und warum teilt ihr es euch nicht?“, fragt Pepe.

„Weil ich auch kein Frühstück bekomme“, sagt Ben bedrückt. „Deshalb habe ich schrecklich Hunger. Aber das soll keiner wissen. Es soll ein Geheimnis bleiben!“
Pepe und Max schauen sich an.

„Ich habe eine Idee“, sagt Pepe nach einer Weile. „Wir lassen uns von unseren Mamas jetzt immer zwei Brote schmieren. Wir sagen einfach, dass wir gerade wachsen und deshalb mehr Hunger haben.“

„Das macht ihr für mich?“, fragt Ben glücklich. „Was für ein guter Plan!“ „Ihr seid ja doch nicht vollkommen doof!“, meint Jule und umarmt die beiden Detektive.

So haben Max und Pepe einen weiteren Fall gelöst! Auch wenn sie ihren Erfolg niemandem verraten dürfen. Aber immerhin haben sie in der Pause wieder ihre Ruhe – und ihre Pausenbrote für sich allein.